Künzler-Behncke · Geisler

Jonas geht in die Schule

Für Jonas

*Für Hendrik,
Moritz, Philipp und Sebastian*

Ein Bilderbuch zum Lesenlernen

Jonas geht in die Schule

Erzählt von Rosemarie Künzler-Behncke
Mit Bildern von Dagmar Geisler

Ravensburger Buchverlag

Das ist Jonas. Er geht gern in die 🏫. Nur heute läuft alles schief. Als der ⏰ klingelt, steckt 😴 seine 👃 ins 🛏 und schläft weiter. Da zieht Mama ihm die 🛏 weg. „Schnell, schnell! Sonst kommst du zu spät!" Am 👕 reißt ein 🔘 ab. Der 🤐 von der 👖 klemmt.

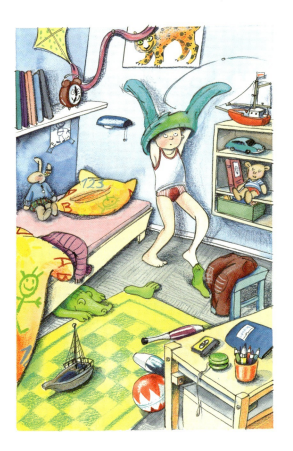

Ein  vom reißt ab.

 spritzt ihm ins . Am

kippt der mit um.

 stampft mit dem auf –

der genau auf den .

Verflixt! Wo ist der ?

Ach, da hinter dem .

 knallt die hinter sich zu.

Er rutscht auf dem  nach unten.

Draußen am steht schon Anja , seine Freundin. Wie gut, dass gewartet hat! Die beiden machen alles zusammen: auf der rutschen, auf der wippen oder eine bauen.

Und morgens laufen sie

in zur .

Ihre tanzen auf den .

Am müssen die

warten.

Da ist die . Gerade läutet

die . Die Lehrerin, Frau ,

steht vorne an der .

 und setzen

sich nebeneinander auf ihre .

Alle singen: „, du

hast die gestohlen."

Dann dürfen sie malen.

 sucht seinen . Nanu, wo ist er?

In der !

Der  ist abgebrochen.

Wo ist der ? Na endlich –

zwischen den . malt

eine . „Mal mir auch

eine!", sagt . Aber

schüttelt den . Da malt

der von eine

 und einen braunen .

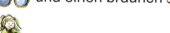 findet das lustig und kichert.

Aber  ärgert sich ziemlich.

Was fällt denn jetzt  ein?

Er kippt den  von  aus.

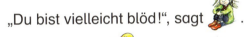, drei , zwei

und ein  kullern heraus.

„Du bist vielleicht blöd!", sagt .

„Das war meine !", sagt .

„Du bist gemein!"

Als es läutet, nimmt  den ⚽ von 👧 mit. Er will draußen mit 👧 spielen. Aber 👧 hüpft lieber mit dem 🪢.

Da schießt den von

gegen die . Pang! Pang!

Immer höher. Plötzlich fliegt der

über die . Nein! Halt!

 kneift die  zu.

Wäre er doch nur auf dem !

Stattdessen sitzt 🧒 wieder auf seinem 🪑. „Steck die 👃 ins 📖!", sagt Frau 🐦 gerade. Aber 🧒 kann nur an den 🔴 denken. Die ABCDEFGH tanzen vor seinen 👀.

🧒 liest: „DA BELLT EIN 🐔. DA QUAKT EIN 🐖."

Frau 🐦 wundert sich: „🧒, was hast du denn im 🧒?"

Na, den 🔴 natürlich! Da läutet es.

Die 👧👦 stürmen mit ihren 🎒🎒

aus der 🏫. „Wo ist mein 🔴?",

fragt 👧. „Über die 🛏 geflogen!",

sagt 👦. „Du hast wohl nicht mehr

alle ☕☕ im 🗄 !",

schreit 👧. Sie streckt 👦

die 👅 raus und rennt davon.

👦 tut der 🫃 weh.

Streiten mit 👧 ist gar nicht schön.

 muss den finden! Hinter

der fängt der

an. sucht zwischen den

. Nichts! Er sucht unter

den . Da liegen nur leere

 und .

Ob der  in den

gefallen ist? Da kommt ein großer

 angelaufen. Und was hat er

im ? Den !

 hält dem  sein

 hin. Plötzlich lässt der

den  fallen. Er saust mit

dem leckeren  im  davon.

Hurra!  möchte die ganze

 umarmen. Er wischt den

mit seinem  ab. Dann

klemmt er den  unter den

und läuft zu dem  in dem

 wohnt.

klingelt. Da geht auch schon

die auf. Und steht vor

ihm. Ihre fallen auf

den . lacht.

Dann nimmt sie den in die

 und hüpft vergnügt von einem

 auf den anderen.

„Danke, 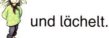! Du bist lieb!",

sagt und lächelt.

Ihre strahlen an.

 fühlt sich wie ein .

Sein ❤ klopft wie wild.

 tanzen in seinem .

Plötzlich merkt , dass die scheint und die singen.

Und morgen kann  wieder

 in mit in die

gehen.

Die Wörter zu den Bildern:

Jonas   Reißverschluss

Schule   Hose

Wecker   Schnürsenkel

Nase  Schuh

Kissen   Zahnpasta

Mama   Auge

Decke   Tisch

Pullover   Becher

Knopf Milch

Schwein    Hund

Tassen   Maul

Zunge   Schulbrot

Bauch   Welt

Park   Taschentuch

Bäume   Arm

Büsche   Haus

Flaschen   König

Zeitungen   Herz

Teich   Schmetterlinge

Sonne

1 2 3 4   03 02 01 00

Erstmals 2000 in der Reihe
DIE KLEINE BÜCHEREI
© 1998 Ravensburger Buchverlag
Illustrationen: Dagmar Geisler
Text: Rosemarie Künzler-Behncke
Redaktion: Karin Amann
Printed in Germany
ISBN 3-473-33338-7